Impressum
Verlag: BABADADA GmbH, Nedderfeld 112 , 22529 Hamburg
Geschäftsführer / Verlagsleitung: Harald Hof
Druck: Books on Demand GmbH, In de Tarpen 42, 22848 Norderstedt

Imprint
Publisher: BABADADA GmbH, Nedderfeld 112 , 22529 Hamburg, Germany
Managing Director / Publishing direction: Harald Hof
Print: Books on Demand GmbH, In de Tarpen 42, 22848 Norderstedt

escola

məktəp

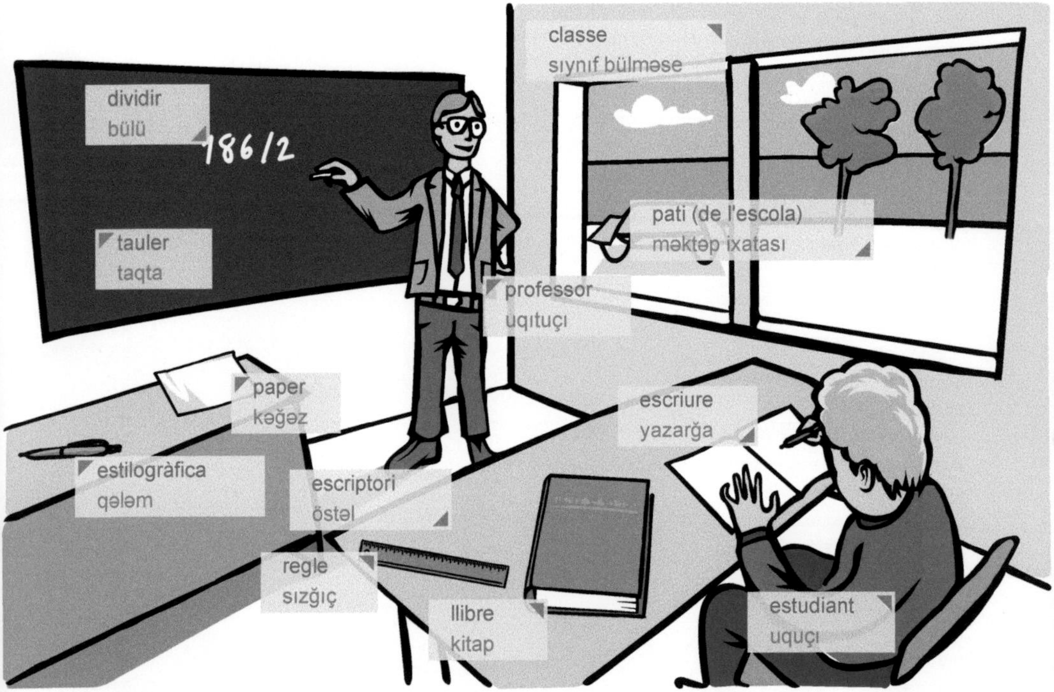

classe
sıynıf bülməse
dividir
bülü
186/2
tauler
taqta
pati (de l'escola)
məktəp ixatası
professor
uqıtuçı
paper
kəğəz
escriure
yazarğa
estilogràfica
qələm
escriptori
östəl
regle
sızğıç
llibre
kitap
estudiant
uquçı

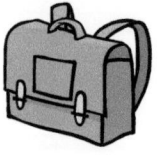

bossa

buqça

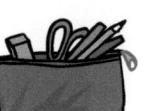

estoig

qələmdan

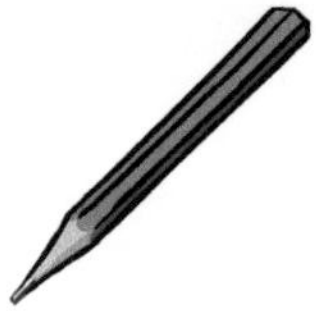

llapis

qırandaş

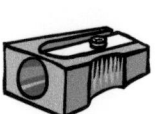

maquineta de fer punta

qələm oçlağıç

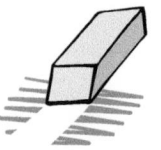

goma

betergeç

bloc de dibuix

rəsem dəftəre

dibuix

rəsem

pinzell

pumala

capsa de pintures

buyawlar tartması

tisores

qayçı

cola

cilem

quadern d'exercicis

dəftər

deures

öy eşe

nombre

san

afegir

quşu

sostreure

alu

multiplicar

tapqırlaw

calcular

isəpləw

lletra

xəref

alfabet

əlifba

mot

süz

text
....
tekst

llegir
....
uqırğa

guix
....
aqbur

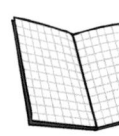

lliçó
....
dəres

llibre de classe
....
sıynıf jurnalı

examen
....
imtixan

certificat
....
sertifikat

uniforme escolar
....
məktəp forması

formació
....
məğərif

enciclopèdia
....
ensiklopediyə

universitat
....
universitə

microscopi
....
mikroskop

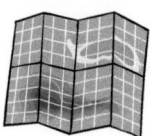

mapa
....
xarita

paperera
....
çüp qəğəz çiləge

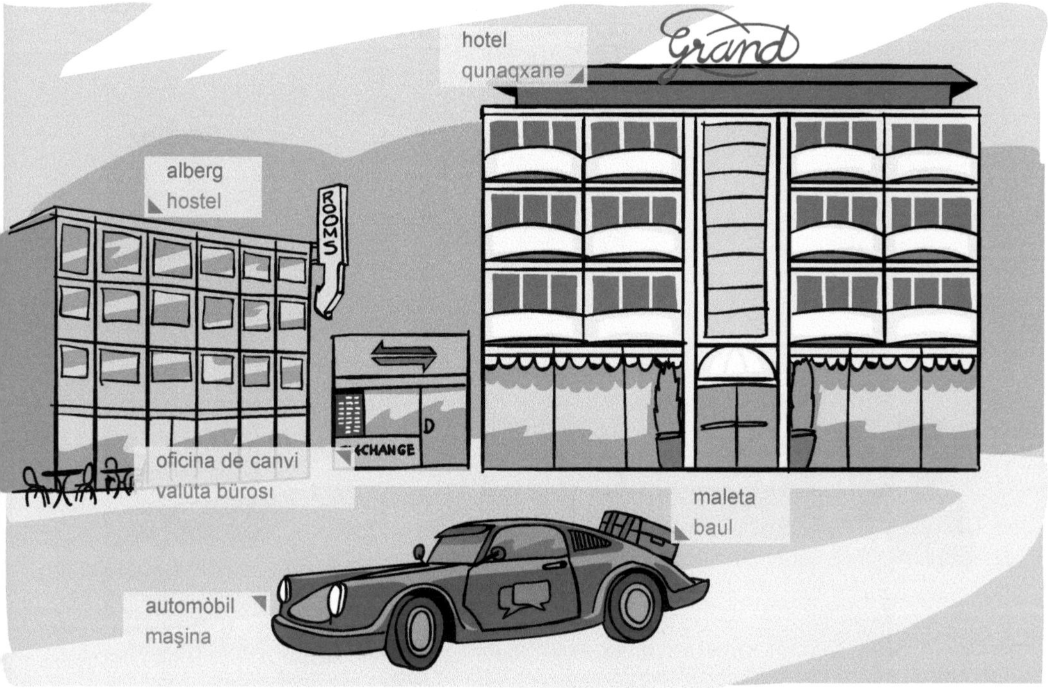

hotel
qunaqxanə
Grand
alberg
hostel
ROOMS
oficina de canvi
valüta bürosı
€CHANGE
maleta
baul
automòbil
maşina

llengua

tel

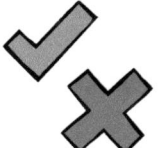

sí / no

əye / yuq

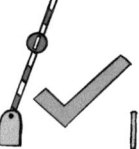

D'acord

yarar

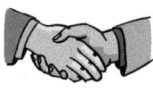

salut

isənmesez

traductor

tərceməçe

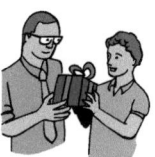

gràcies

Rəxmət

Quant costa… ?

… küpme tora?

No entenc

min añlamıym

problema

problem

Bona nit!

Xəyerle kiç!

bon dia!

Xəyerle irtə!

bona nit!

Tınıç yoqı!

fins aviat

saw bulığız

direcció

yünəleş

bagatge

bagaj

bossa

buqça

sarrona

biştər

convidat

qunaq

cambra

bülmə

sac de dormir

yoqı qapçığı

tenda

çatır

oficina de turisme

turist məğlüməte

platja

qomsal

carta de crèdit

kredit kərte

esmorzar

irtənge aş

dinar

töşlek

sopar

kiçke aş

bitllet

bilet

ascensor

lift

segell

marka

frontera

çik

duana

tamğaxanə

ambaixada

ilçelek

visat

viza

passaport

pasport

transport
transport

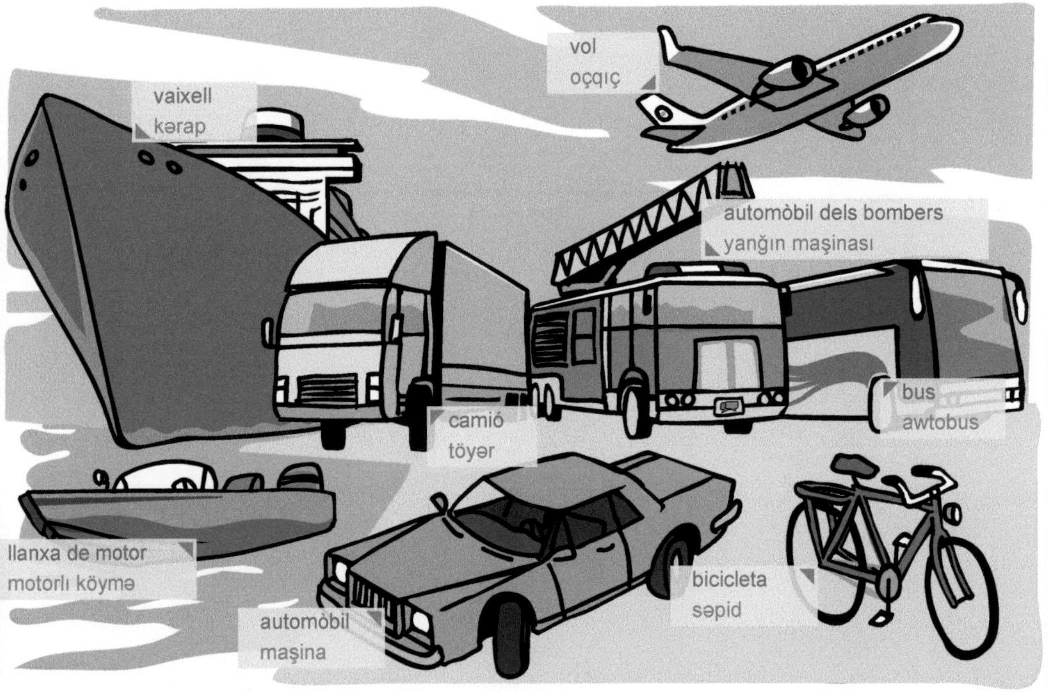

vol
oçqıç
vaixell
kərap
automòbil dels bombers
yanğın maşinası
bus
awtobus
camió
töyər
llanxa de motor
motorlı köymə
bicicleta
səpid
automòbil
maşina

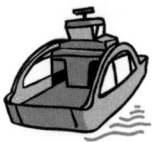

transbordador

boram

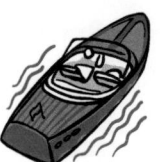

barca

köymə

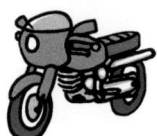

moto

motosiklət

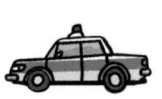

automòbil de policia

polisə maşinası

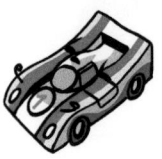

automòbil de curses

uzış maşinası

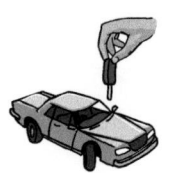

automòbil de lloguer

kiralıq maşina

vehicle compartit	grua	camió de les escombraries
karşering	tartuçı	çüp töyәre

motor	benzina	benzineria
motor	yağulıq	benzinlek
	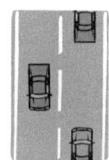	
senyal de trànsit	trànsit	embús
trafik bilgese	xәrәkәt	böke

aparcament	estació de trens	vies
parking	stansa	rәy
	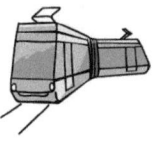	
tren	tramvia	vagó
trәn	tramway	vagon

helicòpter

boralaq

aeroport

hawa alanı

torre

manara

passatger

yulçı

contenidor

konteyner

capsa de cartó

alap

carretó

yök arbası

cistella

səbət

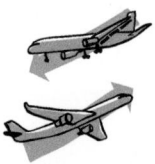

enlairar-se / aterrar

qalqu / töşü

ciutat

şəhər

poble

awıl

centre de la ciutat

şəhər üzəge

casa

yort

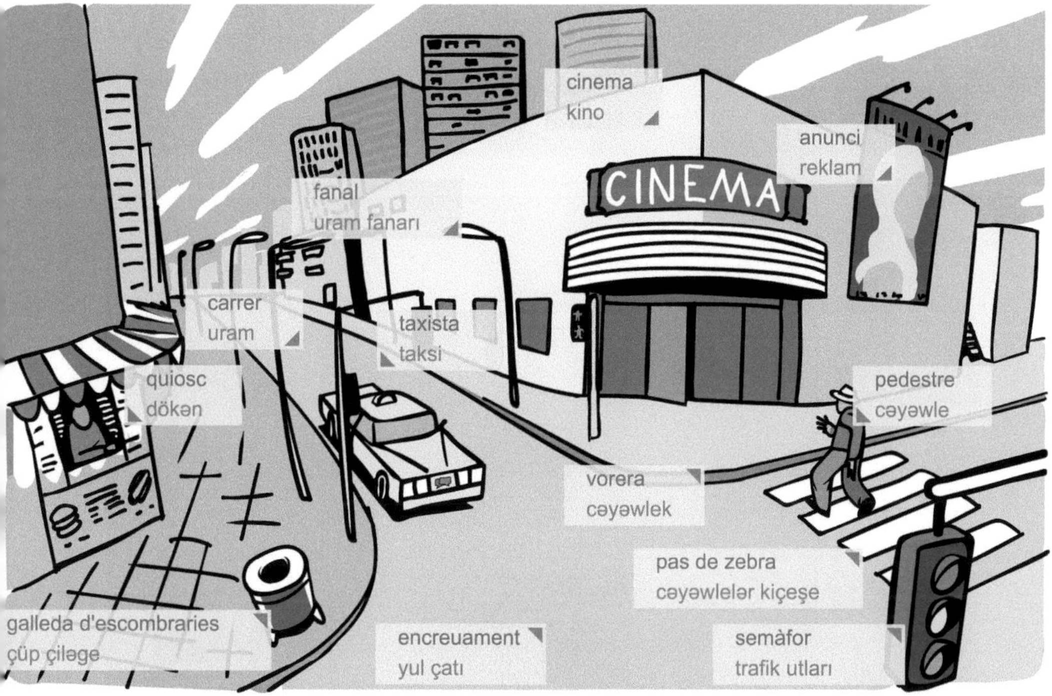

cinema
kino

anunci
reklam

fanal
uram fanarı

carrer
uram

taxista
taksi

quiosc
dökən

pedestre
cəyəwle

vorera
cəyəwlek

pas de zebra
cəyəwlelər kiçeşe

galleda d'escombraries
çüp çiləge

encreuament
yul çatı

semàfor
trafik utları

cabana

alaçıq

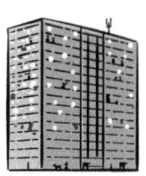

apartament

fatir

estació de trens

stansa

casa de la vila-ciutat

şəhər xakimiyəte

museu

yədkərxanə

escola

məktəp

universitat

universitə

banca

bank

hospital

xastaxanə

hotel

qunaqxanə

farmàcia

daruxanə

oficina

ofis

llibreria

kitap kibete

botiga

kibet

floristeria

çəçək kibete

supermercat

supermarket

mercat

bazar

gran magatzem

zur kibet

peixateria

balıq kibete

centre comercial

səwdə üzəge

port

liman

ciutat - şəhər

parc

park

banc

eskəmiyə

pont

küper

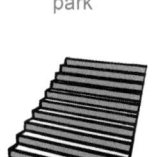

escala

basqıç

metro

metro

túnel

tunnel

baixada d'autobús

awtobus tuqtalışı

bar

bar

restaurant

restoran

bústia de correu

yamıl tartması

senyal indicador

uram bilgese

parquímetre

parking sanağıçı

zoo

xaywan baqçası

piscina

xəwezxanə

mesquita

məçet

granja
çeftlek

pollució
kerlelek

cementiri
zirat

església
çirkəw

parc infantil
uyın alanı

temple
ğibädätxanä

paisatge
tirə-yün

fulla
yafraq

cartell indicador
yul kürsətkeçe

camí
yul

prat
bolın

pedra
taş

arbre
ağaç

excursionista
yöreşçe

riu
yılğa

gespa
ülən

flor
çəçək

vall

üzən

muntanya

qalqulıq

llac

kül

bosc

urman

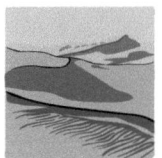

desert

çül

volcà

yanartaw

castell

nığıtma

arc de Sant Martí

salawat küpere

bolet

gömbə

palmera

palma

moscard

çerki

mosca

çeben

formiga

qırmısqa

abella

bal qortı

aranya

ürməküç

escarabat

qoñğız

granota

baqa

esquirol

tiyen

eriçó

kerpe

llebre

quyan

òliba

yabalaq

ocell

qoş

cigne

aqqoş

senglar

qaban duñğızı

cervo

bolan

ant

poşıy

presa

tuan

turbina

cir turbını

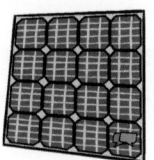

panell solar

qoyaş panele

clima

iqlim

restaurant
restoran

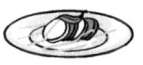

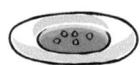

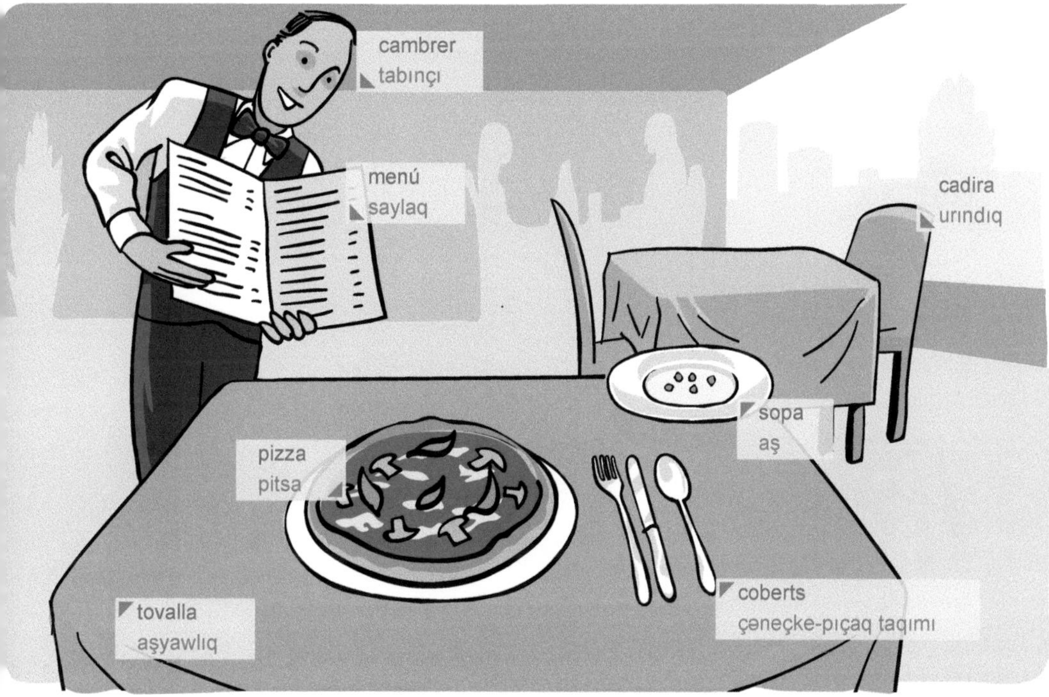
cambrer
tabınçı
menú
saylaq
cadira
urındıq
sopa
aş
pizza
pitsa
coberts
çəneçke-pıçaq taqımı
tovalla
aşyawlıq

primer plat

qabımlıq

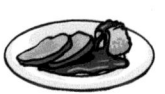

plat principal

töp aşamlıq

darreries

tatlı

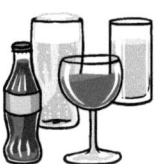

begudes

eçemleklər

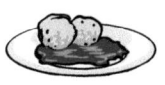

menjar

azıq

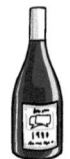

ampolla

şeşə

menjar ràpid

fastfud

menjar de carrer

uram rizığı

tetera

çəygün

sucrer

şikər sawıtı

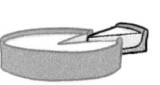

porció

salım

màquina d'espresso

espresso maşını

trona

biyek urındıq

factura

xisap

plata

töger

ganivet

pıçaq

forquilla

çəneçke

cullera

qaşıq

cullereta

çəy qaşığı

tovalló

tastımal

got

tustağan

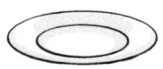

plat

tabaq

plat de sopa

aş tabağı

plateret

cəypək

salsa

sous

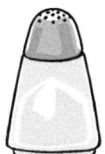

saler

toz sawıtı

molinet de pebre

borıç tegermәne

vinagre

serkә

oli

sıyıq may

espècies

tәmlәtkeç

quètxup

ketçup

mostassa

xәrdәl

maionesa

mayonez

supermercat
supermarket

oferta especial
maxsus təqdim
FOR
client
satıp aluçılar
lactis
söt eşlənmələre
fruites
cimeş
carro de compra
kibet arbası

BUTCHERS

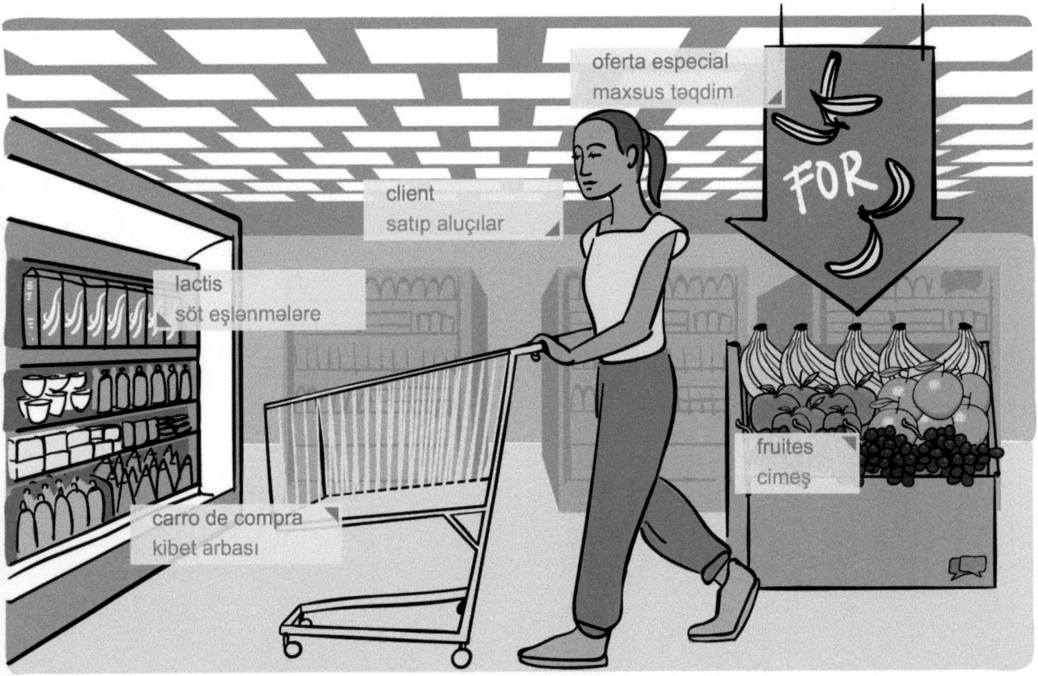

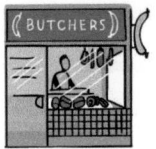

carnisseria

it kibete

BAKERY

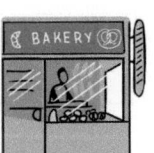

forn de pa

ikməkxanə

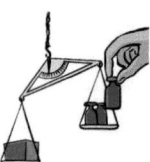

moure

ülçəw

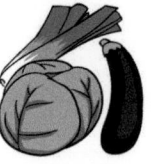

verdures

yəşelçə

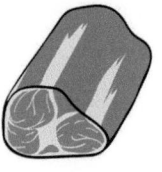

carn

it

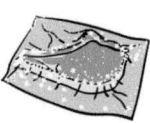

menjar congelat

tuñdırılğan aşamlıqlar

carn freda

suıq it

conserves

kənsirləngən aşamlıq

detergent en pols

ker tuzı

dolços

şikərlələr

articles domèstics

öy eşlənmələre

productes de neteja

təmizlek eşlənmələre

venedora

satuçı

caixa registradora

yazuçı kassa

caixer

kassir

llista de la compra

satıp alu isemlege

horari d'obertura

eş waqıtı

portamonedes

qalta

carta de crèdit

kredit kərte

bossa

buqça

bossa de plàstic

plastik qapçıq

aigua
su

suc
sut

llet
söt

coca-cola
kola

vi
şərəb

cervesa
sıra

alcohol
xəmer

cacau
kakao

te
çəy

cafè
qəhwə

espresso
espresso

cappuccino
kapuçino

banana

banan

poma

alma

taronja

əflisun

síndria

qarbız

llimona

limon

pastanaga

kişer

all

sarımsaq

bambú

bambu

ceba

suğan

bolet

gömbə

avellanes

çikləweklər

fideus

toqmaç

espaguetis
spagetti

arròs
döge

amanida
salat

patates fregides
çips

patates fregides
qızdırılğan bərəñge

pizza
pitsa

hamburguesa
hamburger

entrepà
sandwiç

escalopa
kətlit

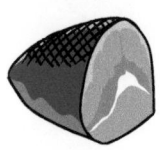

cuixot
ветчина

salami
salami

salsitxa
sosis

pollastre
tawıq ite

rostit
qızdırma

peix
balıq

flocs de civada

soli izməse

musli

müsli

cereals

məkkəy keterdege

farina

on

croissant

kruassan

panet

ipi tügərəge

pa

ikmək

torrada

tost

bescuits

kətərməç

mantega

may

quallada

eremçek

pastís

kəyk

ou

yomırqa

ou fregit

təbə

formatge

pəynir

gelat

tuñdırma

sucre

şikər

mel

bal

melmelada

qaynatma

crema de xocolata

şokolad izməse

curri

karri

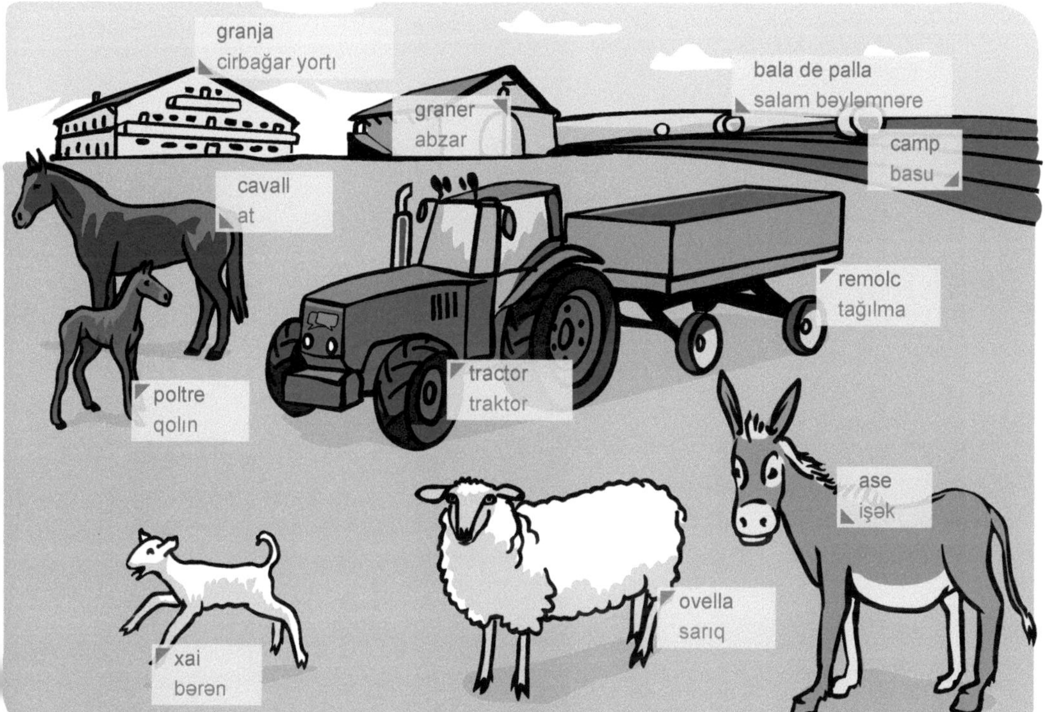

granja
cirbağar yortı

bala de palla
salam bəyləmnərə

graner
abzar

camp
basu

cavall
at

remolc
tağılma

poltre
qolın

tractor
traktor

ase
işək

ovella
sarıq

xai
bərən

cabra
....
kəcə

vaca
....
sıyır

vedella
....
bozaw

porc
....
duñğız

garrí
....
duñğız balası

bou
....
ügez

oca
qaz

ànec
ürdək

poll
çebi

gall
tawıq

gallina
ətəç

rata
küse

gat
pesi

ratolí
tıçqan

bou
eş ügeze

gos
et

gossera
et oyası

mànega de reg
baqça xortumı

regadora
susipkeç

dalla
çalğı

arada
saban

falç

uraq

aixada

kitmən

rastell

sənək

destral

balta

carretó

qul arbası

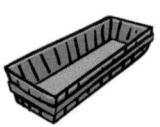

abeurador

tağaraq

lletera

söt çiləge

sac

qapçıq

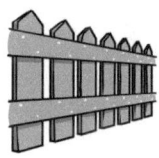

tanca

qoyma

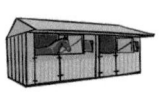

establa

abzar

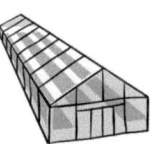

hivernacle

essexanə

sòl

tufraq

llavor

orlıq

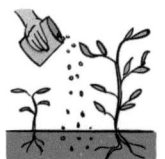

adob

aşlama

collidora

kombayn

collir

uñış cıyarğa

collita

uñış

nyam

yam

blat

boday

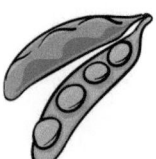

soja

soya

patata

bərəñge

blat de moro o d'indi

məkkəy

colza

raps

arbre fruiter

cimeş ağaçı

mandioca

manyok

cereals

börteklelər

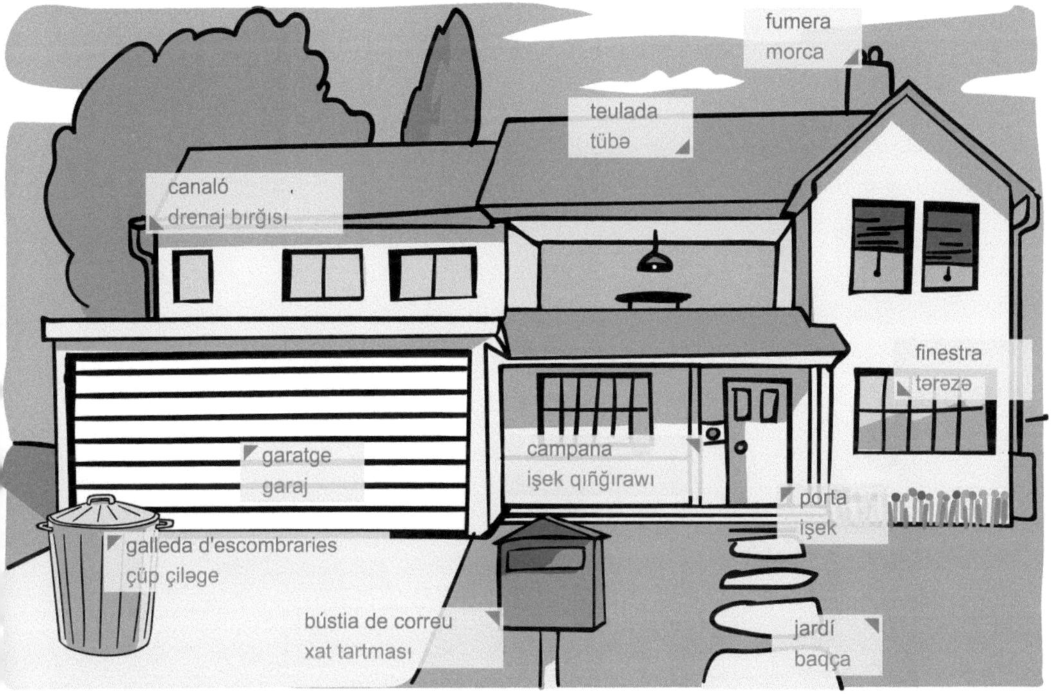

fumera
morca

teulada
tübə

canaló
drenaj bırğısı

finestra
tərəzə

garatge
garaj

campana
işek qıñğırawı

porta
işek

galleda d'escombraries
çüp çiləge

bústia de correu
xat tartması

jardí
baqça

sala d'estar

qunaq bülməse

bany

yuınu bülməse

cuina

aş bülməse

cambra de dormir

yataq bülməse

cambra de nen

bala bülməse

menjador

aş bülməse

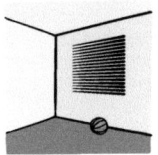

sòl

idän

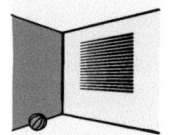

paret

diwar

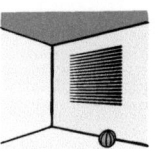

sostre

tüşəm

soterrani

tülə

sauna

sawna

balcó

balkon

terrassa

teras

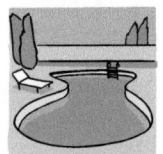

piscina

xəwez

tallagespa

çirəmçapqıç

vànova

cəymə

cobrellit

yataq yapması

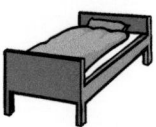

llit

yataq

escombra

seberke

galleda

çilək

interruptor

özgeç

sala d'estar
qunaq bülməse

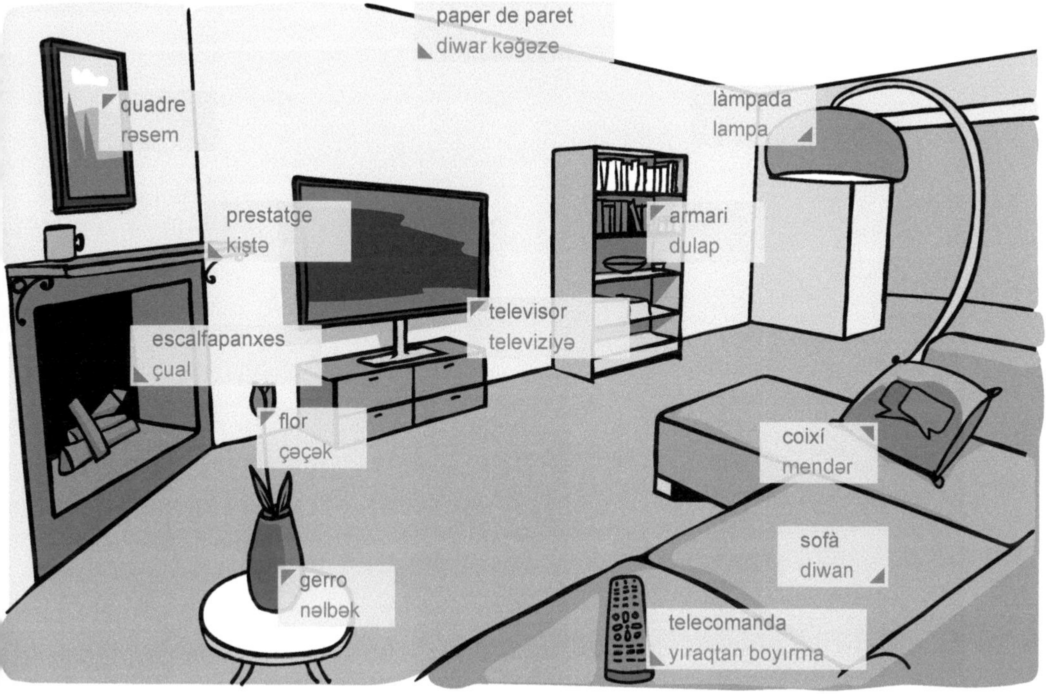
paper de paret
diwar kəğeze
quadre
rəsem
làmpada
lampa
prestatge
kiştə
armari
dulap
televisor
televiziyə
escalfapanxes
çual
flor
çəçək
coixí
mendər
sofà
diwan
gerro
nəlbək
telecomanda
yıraqtan boyırma

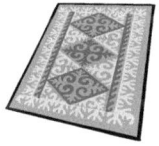

catifa
kelәm

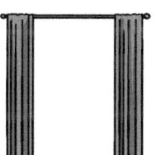

cortina
pərdə

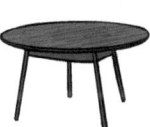

taula
östəl

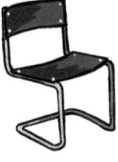

cadira
urındıq

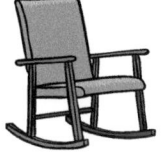

cadira gronxadora
tirbəlmə urındıq

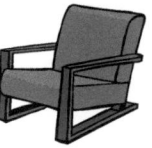

cadiral
kənəfi

llibre

kitap

llençol

yapma

decoració

dekor

foguera

utın

film

film

cadena de música

hi-fi

clau

açqıç

diari

gǝcit

pintura

sürǝt

cartell

poster

ràdio

radio

bloc de notes

quyın dǝftǝre

aspiradora

tuzansuırğıç

cactus

kaktus

candela

şǝm

cuina
aş bülməse

refrigerador
suıtqıç
microones
mikrodulqınlı miç
balança de cuina
aşxanə ülçəwe
torradora
toster
detergent
yuğıç əyber
forn
miç
congelador
tuñdırğıç
galleda d'escombraries
çüp çiləge
rentaplats
sawıt-saba yuğıç

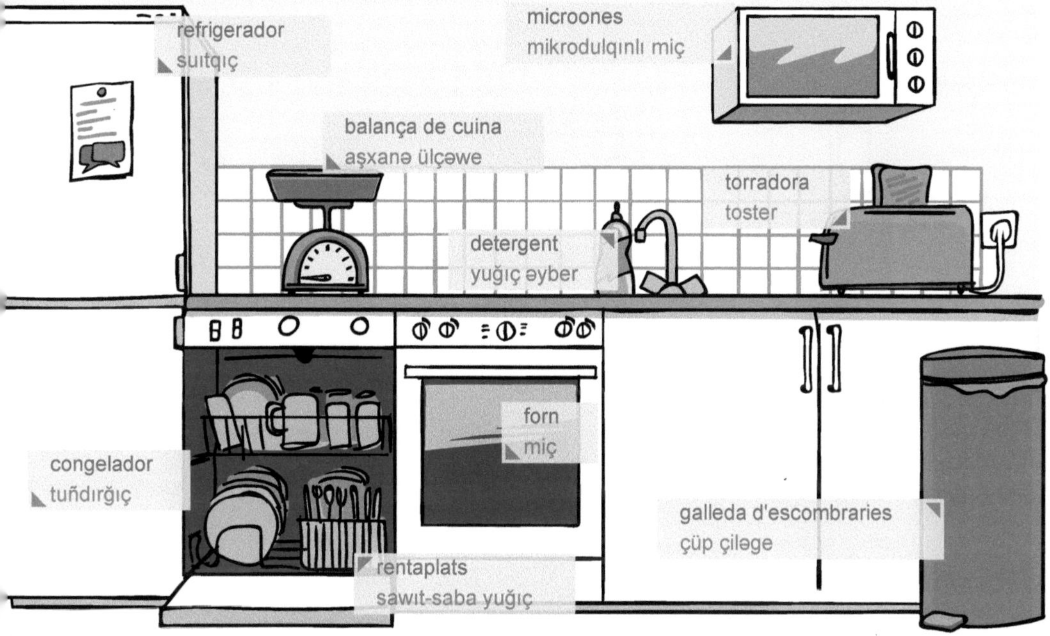

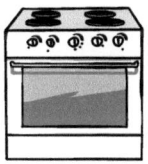

fogons

əwsək

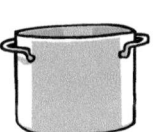

olla

sağan

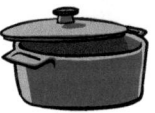

olla de ferro colat

çuyın sağan

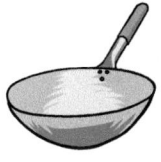

wok / karahi

wok

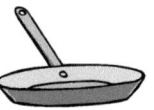

paella

taba

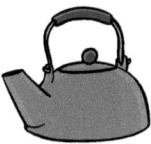

bullidor

çəygün

olla de vapor

bulı peşergeç

plata de forn

qalay

vaixella

sawıt-saba

tassó

təgeç

bol

kəsə

bastonets xinesos

aşaw tayaqçıqları

culler

ucaw

espàtula

spatula

batedor

tuğlağıç

colador

sözgeç

sedàs

ilək

ratllador

qırğıç

morter

kile

barbacoa

barbekü

fogó

açıq uçaq

taula de tallar

taqta

corró

uqlaw

llevataps

böke suırğıç

pot de conserva

metal tartma

obridor

kənsir açqıç

agafador

miç biyələye

aigüera

kirşən

raspall

fırça

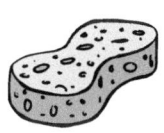

esponja

bolıt

batedora

blender

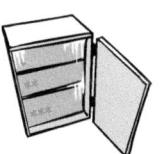

congelador

tirən tuñdırğıç

biberó

imezlekle şeşə

aixeta

çömək

bany

yuınu bülməse

calefacció
cılıtu
tovallola
sölge
dutxa
duş
cortina de dutxa
duş pərdəse
bany de bombolles
kübekle vanna
banyera
vanna
got
tustağan
rentadora
ker yuğıç
rajoles
fayans
aixeta
çömək
orinal
lazemlek
aigüera
kirşən

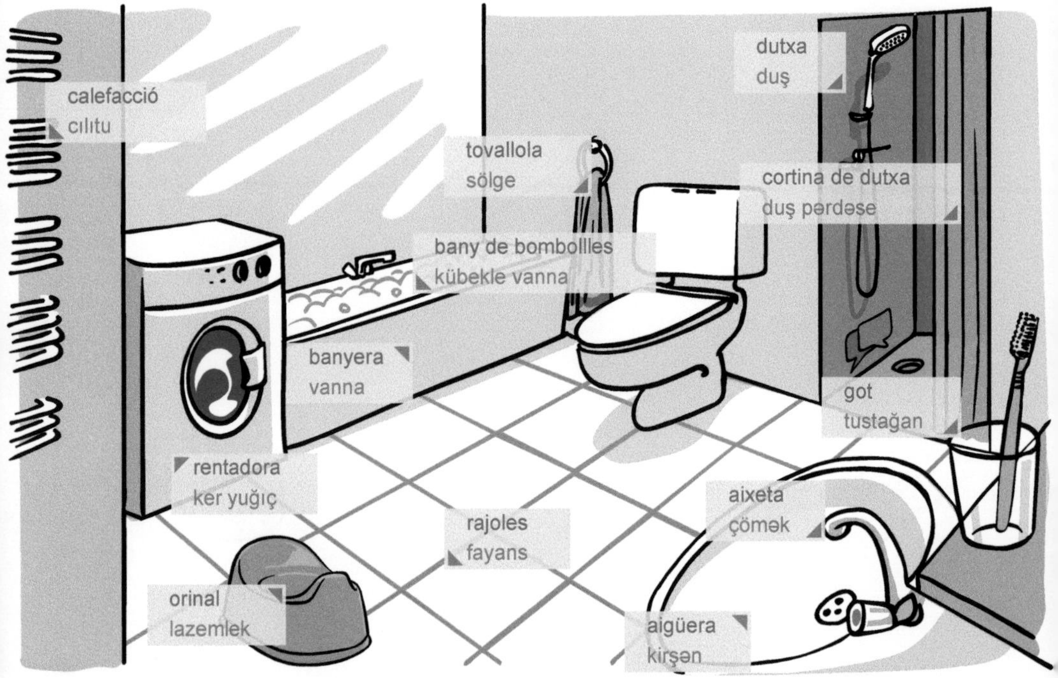

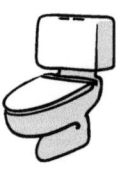

lavabo

bədrəf

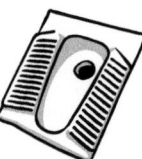

lavabo turc

törekçə bədrəf

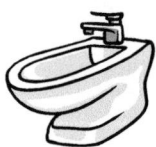

bidet

bide

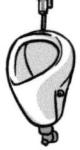

orinador

pissuar

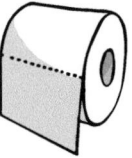

paper higiènic

bədrəf kəğəze

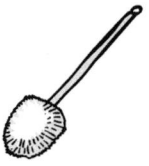

escombreta de sanitari

bədrəf fırçası

raspall de dents

teş fırçası

pasta de dents

teş məğcüne

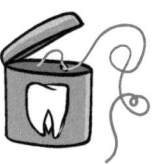

fil dental

teş cebe

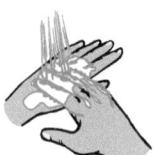

rentar

yuarğa

pom de dutxa

duş başlığı

dutxa íntima

duş

rentamans

kirşən

raspall per a l'esquena

arqa fırçası

sabó

sabın

gel de dutxa

duş señəle

xampú

şampun

manyopla de bany

munçala

bonera

ağım

crema

krem

desodorant

dezodorant

mirall

közge

mirall-espill de mà

qul közgese

maquineta de rasar

östərə

espuma de barbejar

qırınu kübege

loció post-rasada

qırınu losyonı

pinta

taraq

raspall

fırça

eixugador

fön

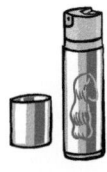

laca

çəç sprəye

maquillatge

makiyaj

pintallavis

iren innege

esmalt d'ungles

tırnaq cələse

cotó

mamıq

tallaungles

tırnaq qayçısı

perfum

xuşbuy

necesser

makiyaj buqçası

tamboret

utırğıç

bàscula

ülçəw

barnús

çoba

guants de goma

rezin iləsə

tampó

tampon

compresa

higiyenik pəd

sanitari químic

kimiyəwi bədrəf

cambra de nen

bala bülməse

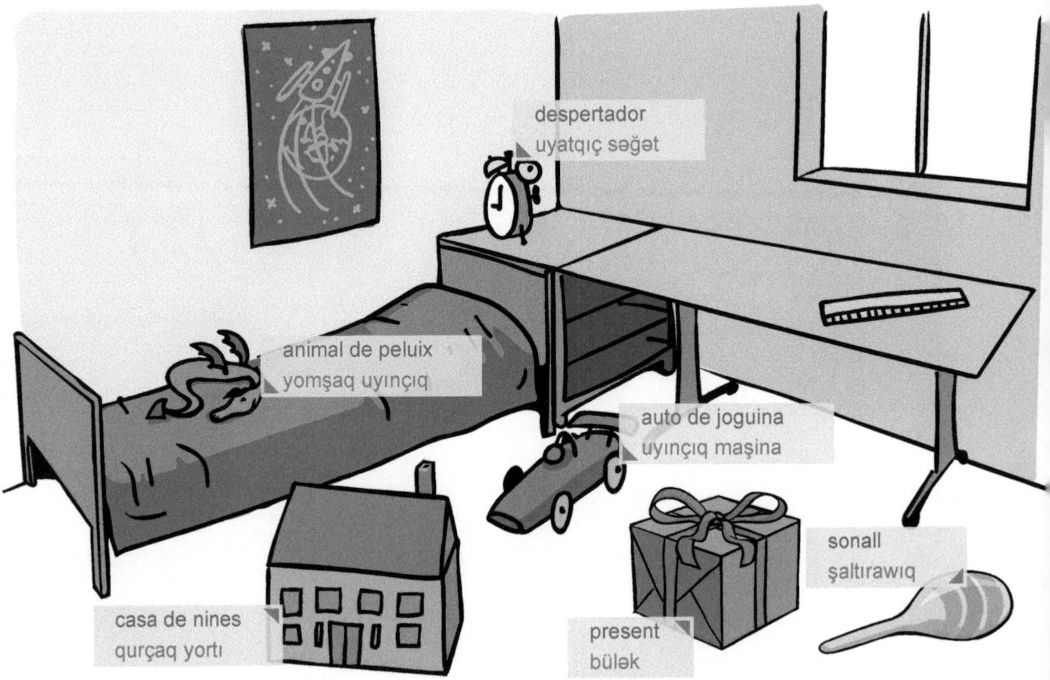
despertador
uyatqıç səğət
animal de peluix
yomşaq uyınçıq
auto de joguina
uyınçıq maşina
sonall
şaltırawıq
casa de nines
qurçaq yortı
present
bülək

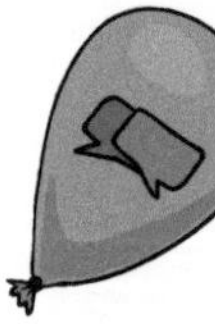

baló

hawa şarı

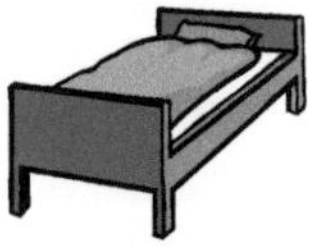

llit

yataq

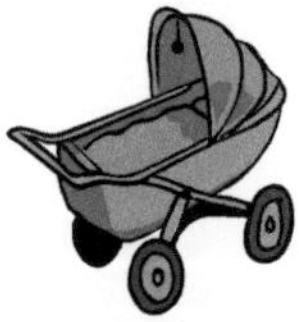

cotxet per a nens

bəbi arbası

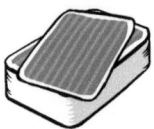

joc de cartes

kərt dəstəse

trencaclosca

pazl

SUPER
MEGA

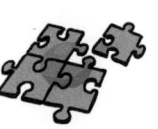

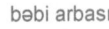

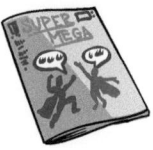

historieta

komiks

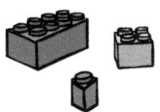

peces de lego

lego kirpeçləre

pedres de construcció

şaqmaqlar

ninot d'acció

uyın sınçığı

granota

zıbın

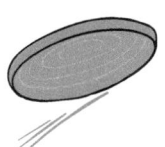

frisbee

frisbi

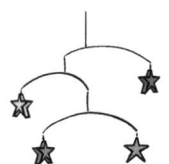

mòbil per a bressol

mobil

joc de taula

östəl uyını

daus

uyın taşı

tren elèctric

trən modele cıyılması

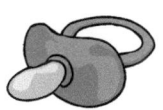

maniquí

imezlek

festa

kiçə

llibre de dibuixos

rəsemle kitap

pilota

tup

nina

qurçaq

jugar

uynarğa

sorrera

qomlıq

gronxador

tağan

joguines

uyınçıqlar

consola de jocs de vídeo

uyın quşması

tricicle

öç köpçəkle səpid

osset de pelfa

uyınçıq ayu

armari

kiyem dulabı

roba

kiyem

mitjons

oyıqbaş

mitges

oyıq

mitja pantaló

oyığıştan

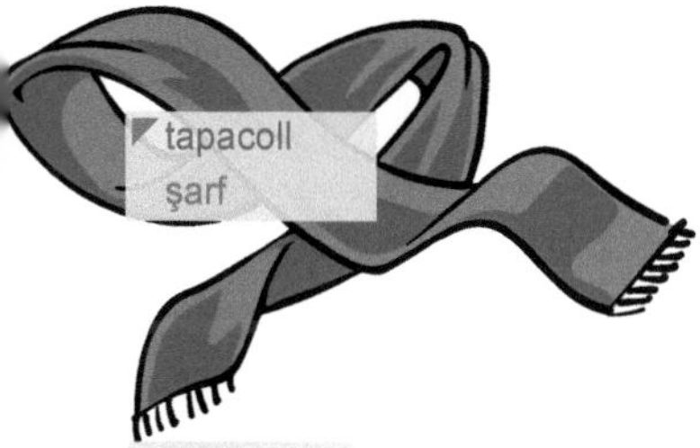

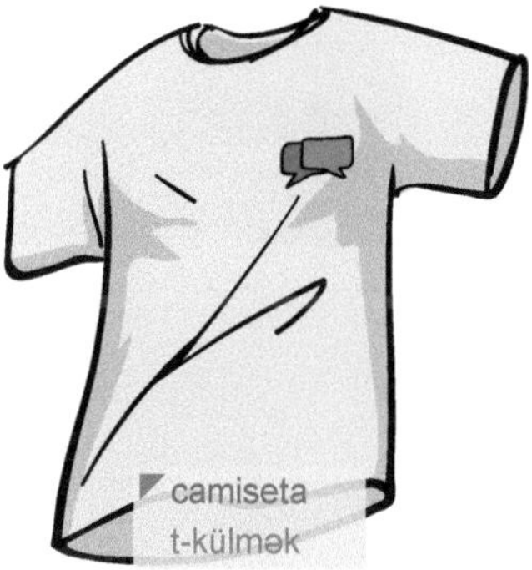

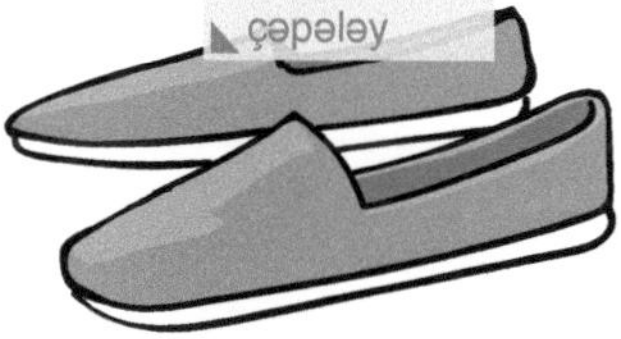

tapacoll
şarf

cintura
qayış

paraigua
qulçatır

camiseta
t-külmək

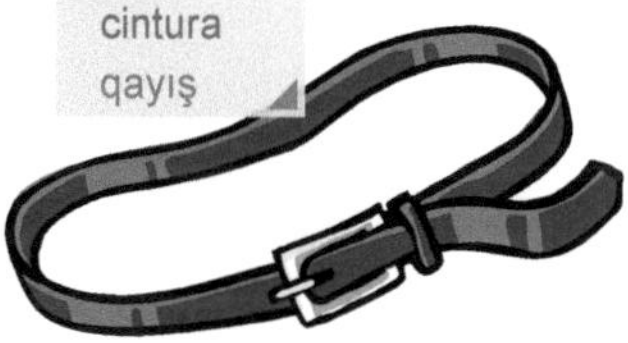

botes
itek

plantofes
çəpələy

sabates d'esport
sport ayaq kiyeme

sandàlies
·················
sandallar

sabates
·················
ayaq kiyeme

botes de goma
·················
rezin itek

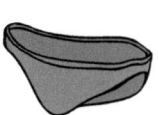

calçotets
·················
tənban

sostenidor
·················
tüşti

guardapits
·················
cələk

bodi
bodi

pantalons
çalbar

jeans
jins

faldeta
itǝk

brusa
bluz

camisa
külmǝk

jersei
sviter

dessuadora
hudi

blazer
bleyzer

jaqueta
jaket

mantell
bişmǝt

impermeable
yañğırlıq

vestit de dona
kǝçtüm

vestit de dona
külmǝk

vestit de núvia
tuy külmǝge

vestit d'home

taqım kiyem

camisa de dormir

tönge külmək

pijama

pijama

sari

sari

mocador de cap

yawlıq

turbant

çalma

burca

burqa

caftan

çapan

abaia

abaya

vestit de bany

qoyınu kiyeme

calçotet de bany

yözü tənbanı

pantalons curts

şort

xandall

sport kiyeme

davantal

alyapqıç

guants

iləsə

botó

töymə

ulleres

küzlek

braçalet

beləzek

collaret

muyınsa

anell

baldaq

orellera

alqa

casquet

kəpəç

penjador

elgeç

barret

eşləpə

corbata

muyınbaw

cremallera

zıncır

casc

oçlam

elàstics

çalbar asması

uniforme escolar

məktəp forması

uniforme

forma

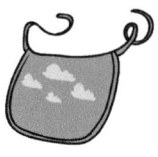

pitet

balalar kükrəkçəse

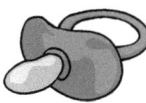

maniquí

imezlek

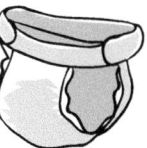

bolquer

küzələ

oficina

ofis

servidor
server
armari arxivador
buma dulabı
impressora
basaq
paper
kəğəz
monitor
kürək
escriptori
östəl
ratolí
tıçqan
arxivador
buma
teclat
töyməsar
paperera
çüp qəğəz çiləge
ordinador
sanaq
cadira
urındıq

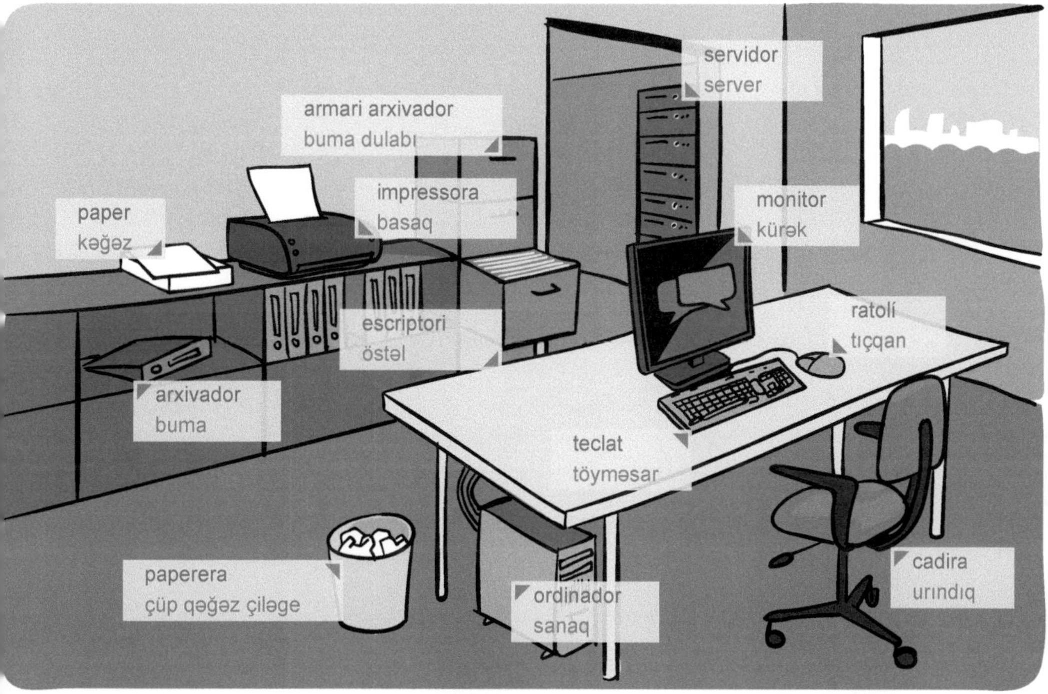

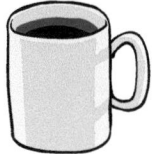

tassa de cafè

qəhwə təgəçe

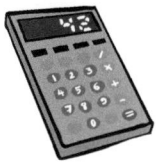

calculadora

sansanar

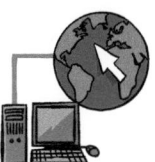

Internet

internet

ordinador portàtil

ləptop

lletra

xat

missatge

xəbər

mòbil

kesə telefonı

xarxa

çeltər

fotocopiadora

fotokopyaçı

programari

program təminatı

telèfon

telefon

presa de corrent

ayırğıç

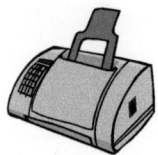

fax

faks

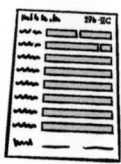

formulari

form

document

dokument

comprar

satıp alırğa

pagar

tülərgə

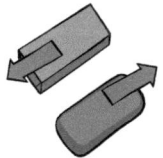

comerciar

səwdə itərgə

diners

aqça

dòlar

dollar

euro

euro

ien

yen

ruble

sum

franc suís

frank

renminbi yuan

yuan

rupia

rupi

caixer automàtic

bankomat

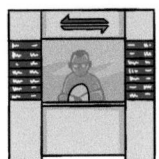

oficina de canvi

valüta bürosı

or

altın

argent

kömeş

petroli

qaramay

energia

energiyə

preu

bəyə

contracte

kontrakt

impost

salım

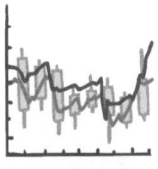

acció

stok

treballar

eşlərgə

treballador

eşçe

empresari

eş birüçe

fàbrica

fabrika

botiga

kibet

oficis
hönərlər

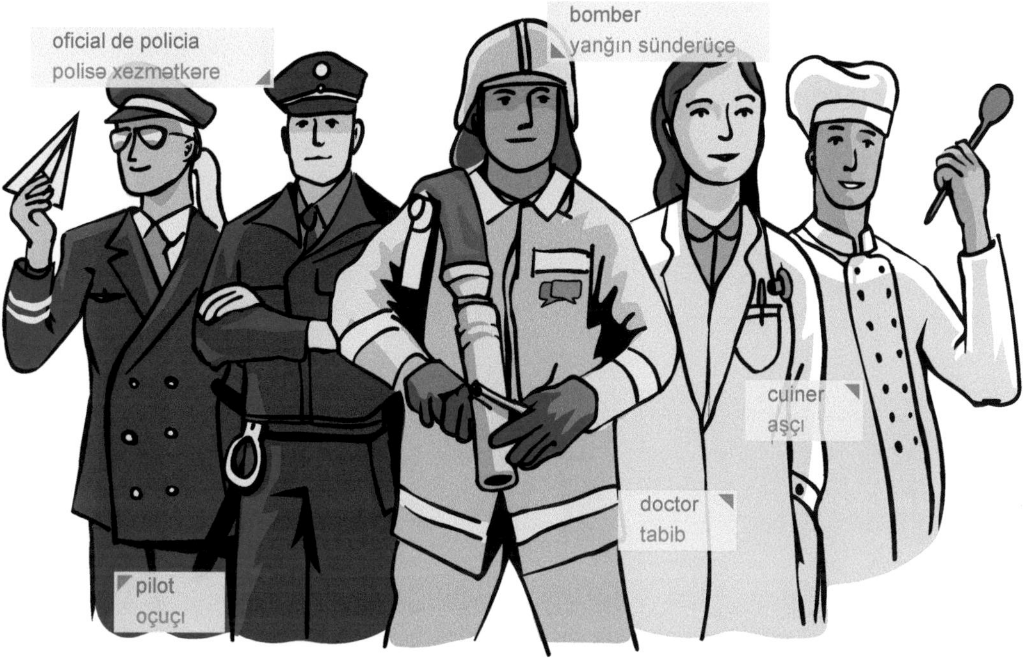
oficial de policia
polisə xezmətkere
bomber
yanğın sünderüçe
cuiner
aşçı
doctor
tabib
pilot
oçuçı

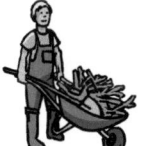

jardiner

baqçaçı

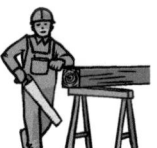

fuster

ağaç ostası

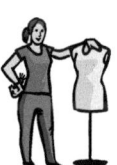

costurer

tegüçe

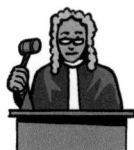

jutge

xökemçe

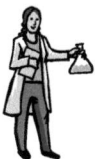

químic

kimiyəçe

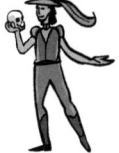

actor

aktor

conductor d'autobús

awtobus yörtüçe

taxista

taksiçe

pescador

balıqçı

dona de la neteja

cıyıştıruçı xatın

ensostrador

tübə yabuçı

cambrer

tabınçı

caçador

awçı

pintor

rəssam

forner

ikməkçe

electricista

elektrçı

obrer de la construcció

tözüçe

enginyer

möhəndis

carnisser

itçe

llanterner

çöməkçe

correu

yamılçı

soldat

ğəskəri

arquitecte

miğmar

caixer

kassir

florista

çəçəkçe

perruquer

çəçtaraş

revisor

konduktor

mecànic

mekanik

capità

kapitan

dentista

teş tabibı

científic

ğalim

rabí

rabbi

imam

imam

monjo

kəşiş

cura

ruxani

eines

ələtlər

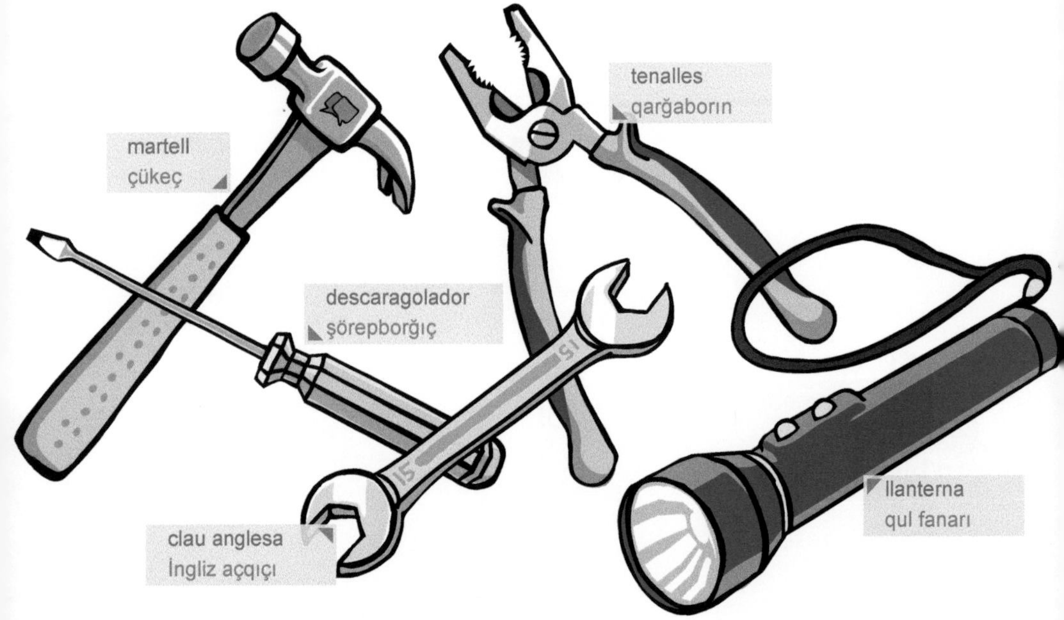
martell
çükeç
tenalles
qarğaborın
descaragolador
şörepborğıç
clau anglesa
İngliz açqıçı
llanterna
qul fanarı
15

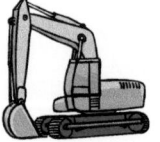

excavadora

qazu maşinası

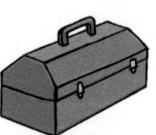

caixa d'eines

ələt buqçası

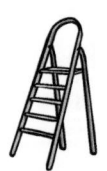

escala

basqıç

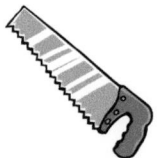

serra

pıçqı

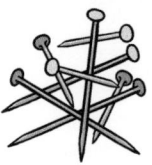

claus

qadaqlar

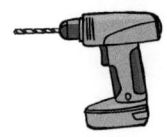

trepant

dril

reparar

tözətergə

pala

körək

Maleït siga!

Şaytan alğırı!

pala

sosqı

pot de pintura

buyaw sawıtı

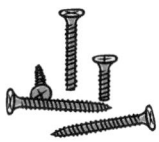

caragols

mıqlar

instrument de música
muzıka alətləre

bateria
dawılbaz taqımı

altaveu
tawış köçəytkeç

contrabaix
kontrabas

trompeta
bırğı

guitarra
gitar

piano

piano

violí

kəmən

baix

bas gitar

timbal

timpani

tambor

dawılbaz

teclat

töymәsar

saxofon

saksofon

flauta

flüt

micròfon

mikrofon

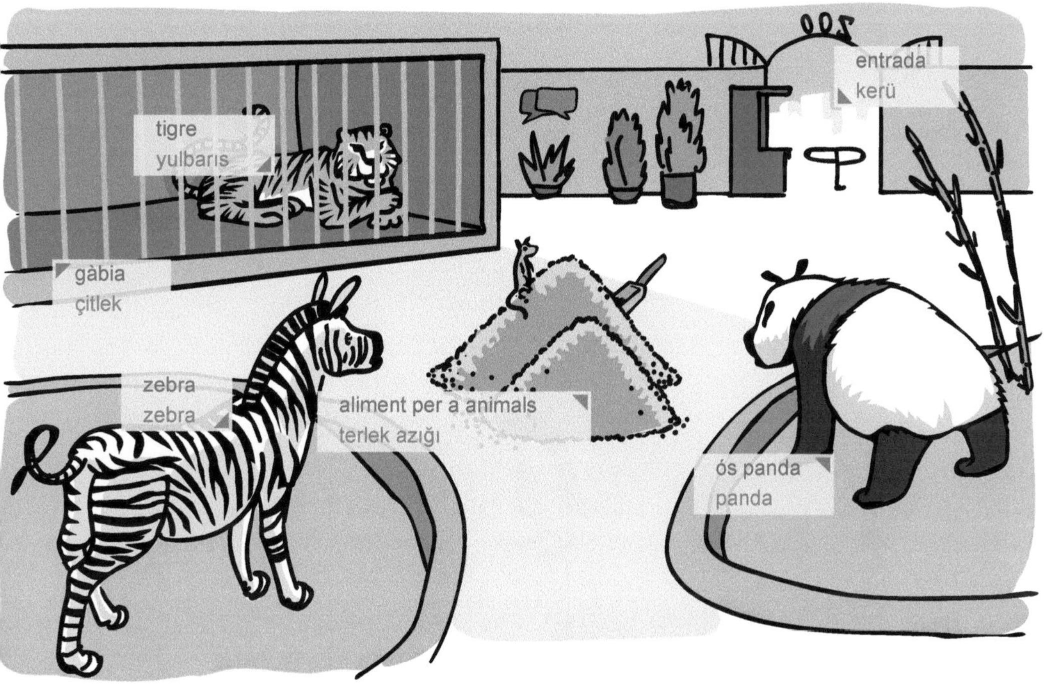

entrada
kerü

tigre
yulbarıs

gàbia
çitlek

zebra
zebra

aliment per a animals
terlek azığı

ós panda
panda

animals

xaywannar

elefant

fil

cangurú

köngerə

rinoceront

kərkədən

goril·la

gorilla

ós

ayu

camell

döyə

estruç

təwə qoşı

lleó

arıslan

simi

maymıl

flamenc

flamingo

papagai

tutıy qoş

ós polar

aq ayu

pingüí

pingwin

ca mari

küpek balığı

paó

tawis

serp

yılan

cocodril

timsax

guardià del zoo

xaywan baqçası
xezmətkəre

foca

suete

jaguar

yaguar

poni
poni

lleopard
qaplan

hipopòtam
su ayğırı

girafa
zörəfə

àliga
börket

senglar
qaban duñğızı

peix
balıq

tortuga
taşbaqa

morsa
morşa

guineu
tölke

gasela
ğəzəl

futbol americà
Amerika futbolı

ciclisme
sәpid

tenis
tennis

bàsquet
basketbol

natació
yözü

boxa
boks

hoquei sobre gel
xokkey

futbol americà
....
futbol

bàdminton
....
badminton

atletisme
....
atletika

handbol
....
handbol

esquí
....
çañğı

polo
....
polo

activitats
itkenleklər

riure
köləgə
saltar
sikerergə
abraçar
qoçaqlarğa
anar
yörergə
cantar
cırlarğa
somiar
xıyallanırğa
pregar
ğibədət qılırğa
fer un petó
übərgə

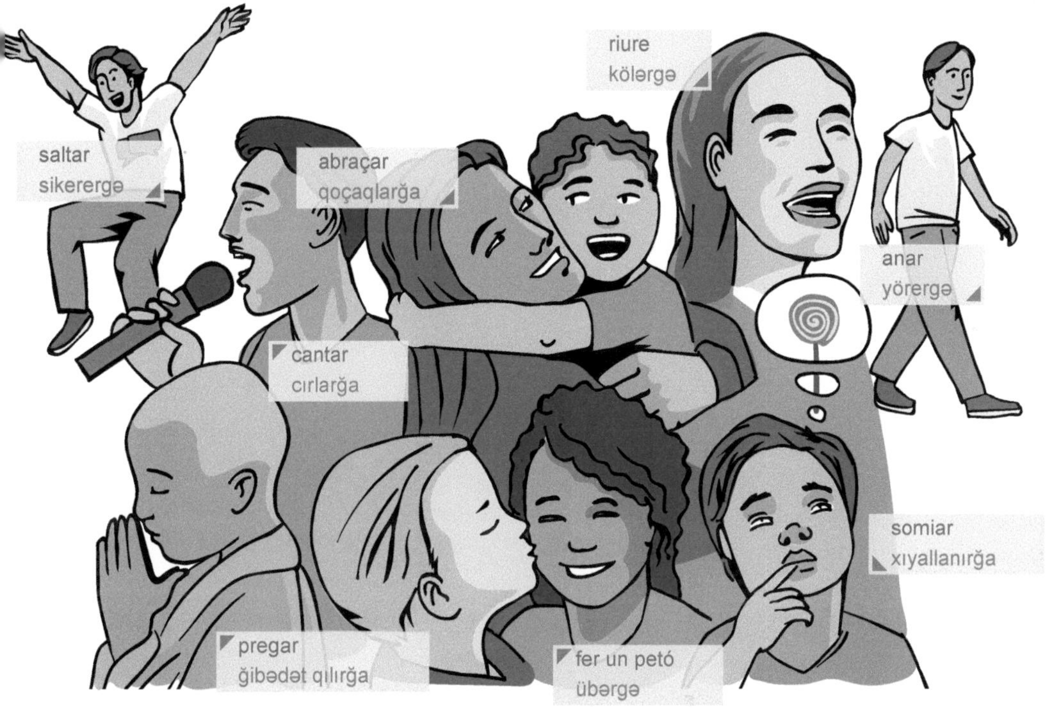

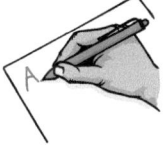

escriure

yazarğa

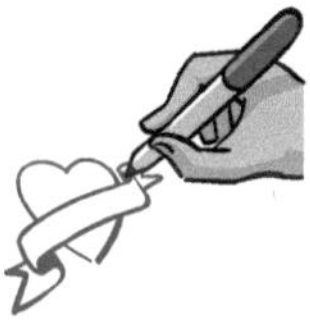

dibuixar

rəsem yasarğa

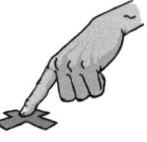

mostrar

kürsətergə

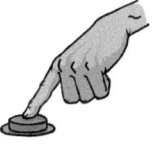

empènyer

etərgə

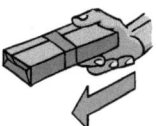

donar

birergə

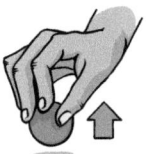

prendre

alırğa

tenir

iyə bulırğa

fer

eşlərgə

ésser

bulırğa

estar dret

basıp torırğa

córrer

yögerergə

estirar

tartırğa

llençar

taşlarğa

caure

yığılırğa

jeure

yatarğa

esperar

kötərgə

portar

taşırğa

asseure's

utırırğa

vestir-se

kiyenergə

dormir

yoqlarğa

despertar-se

uyanırğa

mirar

qararğa

plorar

yılarğa

picar

sıyparğa

pentinar

tararğa

parlar

söyləşergə

comprendre

añlarğa

demanar

sorarğa

escoltar

tıñlarğa

beure

eçərgə

menjar

aşarğa

endreçar

cıyıştırınırğa

estimar

söyərgə

cuinar

peşerergä

conduir

sörergə

volar

oçarğa

navegar

diñgezgə açılu

calcular

isəpləw

llegir

uqırğa

aprendre

öyrənergə

treballar

eşlərgə

casar-se

öylənergə

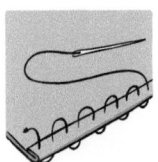

cosir

tegərgə

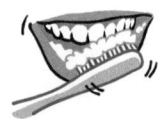

raspallar-se les dents

teş fırçalarğa

matar

üterergə

fumar

təməke tartırğa

enviar

cibərergə

àvia
əbi

avi
babay

pare
ata

mare
ana

nadó
sabıy

filla
qız

fill
ul

convidat

qunaq

tia

apa

oncle

abıy

germà

abıy / ene

germana

apa / señel

cos

tən

front
mañğay
ull
küz
espatlla
iñbaş
dit
barmaq
cara
bit
barbeta
iyək
mà
qul çuğı
cama
ayaq
pit
kükrək
braç
qul

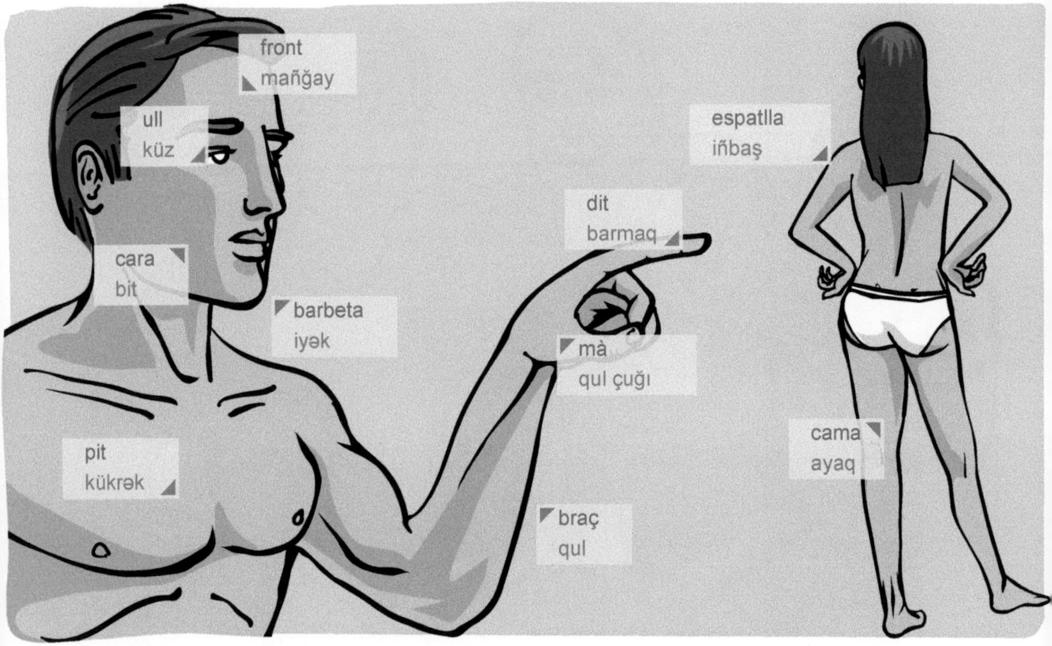

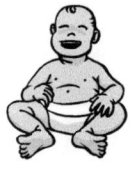

nadó

sabıy

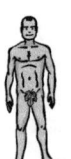

home

ir

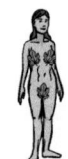

dona

xatın

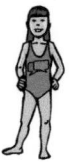

noia

qız

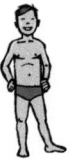

noi

malay

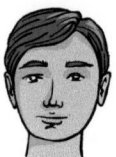

cap

baş

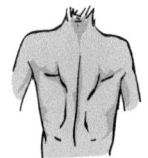

esquena

arqa

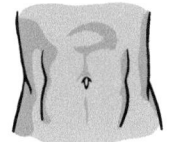

panxa

eç

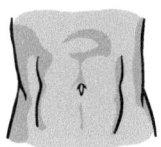

melic

kendek

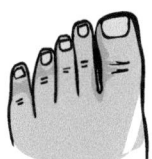

dit gros del peu

ayaq barmağı

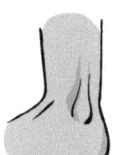

taló

ükçə

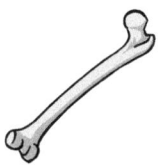

os

söyək

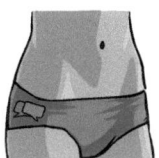

maluc

bot

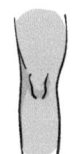

genoll

tez

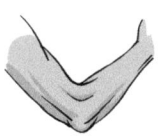

colze

tersək

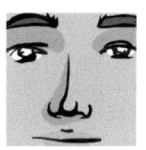

nas

borın

cul

art san

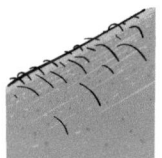

pell

tire

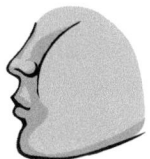

galta

yañaq

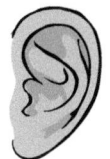

orella

qolaq

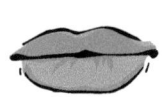

llavi

iren

boca

awız

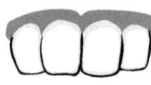

dent

teş

llengua

tel

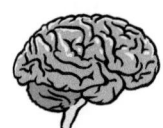

cervell

mi

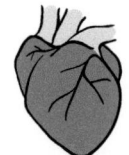

cor

yörək

múscul

ğəzlə

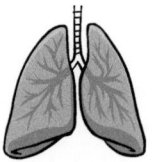

pulmó

üpkə

fetge

bawır

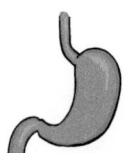

estómac

aşqazanı

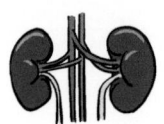

ronyó

böyerlər

sexe

seks

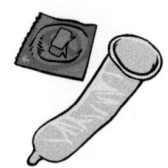

preservatiu

prezervativ

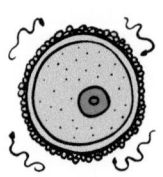

ovari

kükəy küzənək

semen

məni

prenyat

kömən

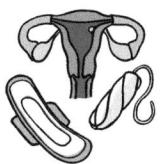

menstruació

kürem

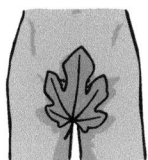

vagina

vagina

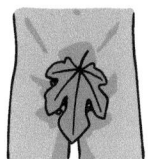

penis

penis

cella

qaş

cabells

çəçlər

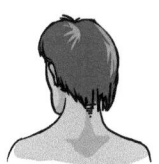

coll

muyın

hospital
xastaxanə

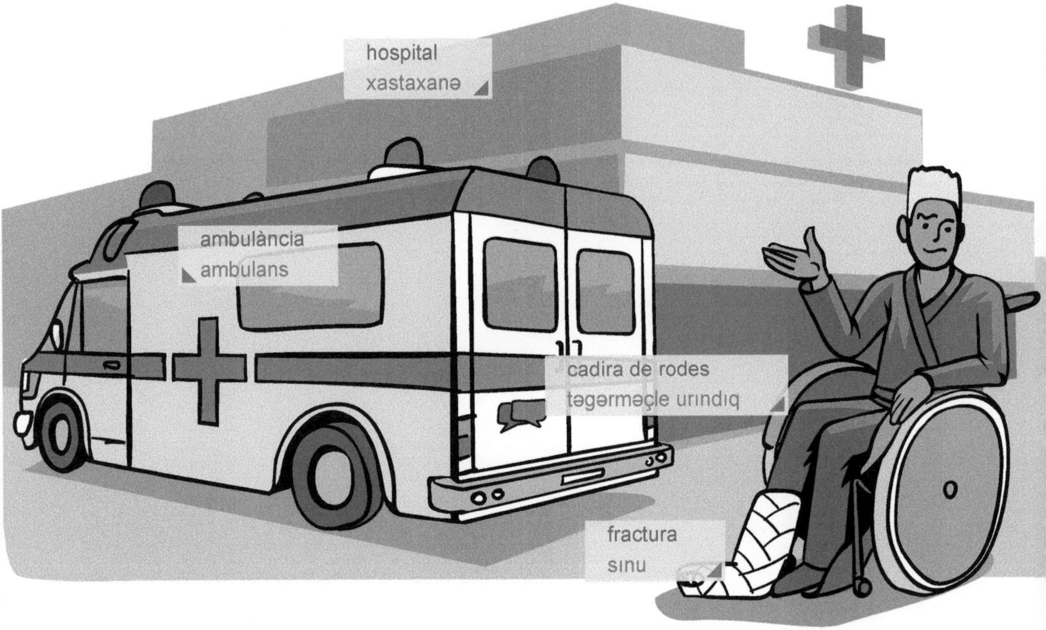

hospital
xastaxanə
ambulància
ambulans
cadira de rodes
təgərməçle urındıq
fractura
sınu

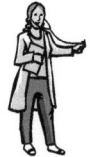

doctor

tabib

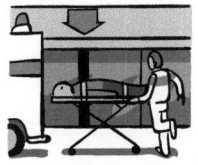

sala d'urgències

aşığıç yərdəm bülməse

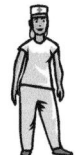

infermera

şəfqət tutaşı

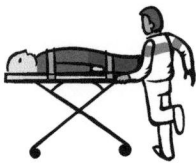

urgència

kiçektergesez xəl

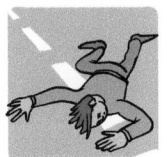

inconscient

añsız

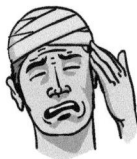

dolor

awırtu

ferida

cərəxətlənü

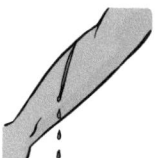

sagnament

qan ağu

atac de cor

infarkt

apoplexia

insult

al·lèrgia

allergiyə

tos

yütəl

febre

qızu

gripa

grip

diarrea

eç kitü

mal de cap

baş awırtu

càncer

yaman şeş

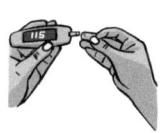

diabetis

diabet

cirurgià

xirurg

escalpel

skalpel

operació

ğəməliyət

tomografia computada (TC), TAC
ST

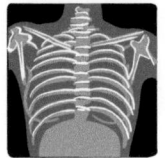

raigs x
röntgen

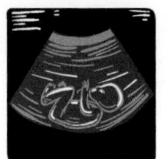

ultrasò
ultratawış

mascareta
bitlek

malaltia
awıru

sala d'espera
kötü bülməse

crossa
qultıq tayağı

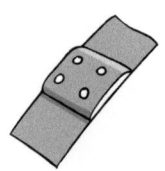

tireta
plaster

embenat
bəyləweç

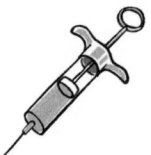

injecció
qadaw

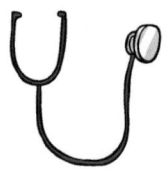

estetoscopi
stetoskop

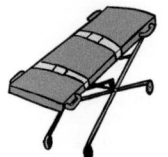

llitera
sədiyə

termòmetre clínic
klinik termometr

pariment
tuu

sobrepès
artıq awırlıq

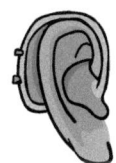

aparell auditiu

işetü cihazı

desinfectant

dezinfektant

infecció

yoğış

virus

virus

VIH / SIDA

KİV / BİDS

medicina

daru

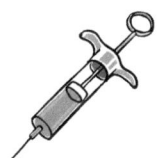

vaccí

vaksinalanu

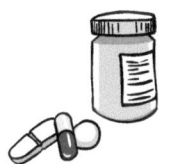

comprimits

tabletlər

pastilla

kontraseptiv tablet

trucada d'urgència

aşığıç çaqıru

tensiòmetre

qan basımı ülçəgeçe

malalt / sa

awıru / sələmət

Socors!

Qotqarığız!

alarma

xəwef tawışı

assalt

höcüm

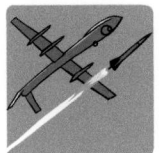

atac

höcüm

perill

qurqınıç

sortida d'urgència

aşığıç çığu

Foc!

Yanğın!

extintor

ut sündergeç

accident

qaza

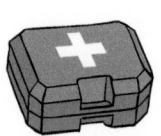

farmaciola de primers
auxilis

berençe yərdəm buqçası

SOS

SOS

policia

polisə

Europa

Awrupa

Amèrica del Nord

Tönyaq Amerika

Amèrica del Sud

Könyaq Amerika

Àfrica

Afrika

Àsia

Asya

Austràlia

Awstralya

Atlàntic

Atlantik okean

Pacífic

Tın okean

Oceà Índic

Hind okeanı

Oceà Antàrtic

Antarktik okean

Oceà Àrtic

Arktik okean

pol nord

Tönyaq qotıp

pol sud
Könyaq qotıp

Antàrtida
Antarktika

terra
Cir

país
qorı cir

mar
diñgez

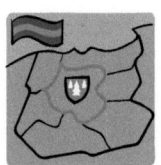

illa
utraw

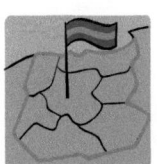

nació
millət

estat
dəwlət

quadrant

səğət bite

agulla de les hores

səğət uğı

agulla dels minuts

minut uğı

agulla dels segons

sekund uğı

Quina hora és?

Səğət niçə?

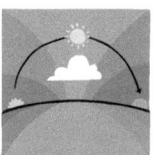

dia

kön

temps

waqıt

ara

xəzer

rellotge digital

dijital səğət

minut

minut

hora

səğət

setmana

atna

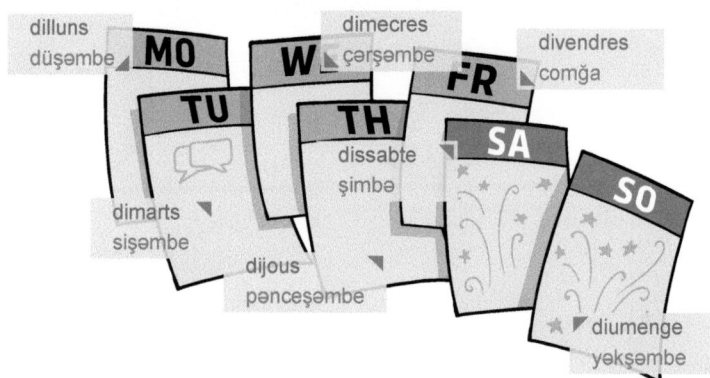

dilluns
düşəmbe — MO

dimecres
çərşəmbe — W

divendres
comğa — FR

TU

TH

SA

dimarts
sişəmbe

dissabte
şimbə

SO

dijous
pənceşəmbe

diumenge
yekşəmbe

ahir

kiçə

avui

bügen

demà

irtəgə

matí

irtə

migdia

töş

tarda

kiç

MO	TU	WE	TH	FR	SA	SU
1	2	3	4	5	6	7
8	9	10	11	12	13	14
15	16	17	18	19	20	21
22	23	24	25	26	27	28
29	30	31	1	2	3	4

dia feiner

eş könnəre

MO	TU	WE	TH	FR	SA	SU
1	2	3	4	5	6	7
8	9	10	11	12	13	14
15	16	17	18	19	20	21
22	23	24	25	26	27	28
29	30	31	1	2	3	4

cap de setmana

yal könnəre

any

yıl

pluja
yañğır
arc de Sant Martí
salawat küpere
vent
cil
neu
qar
primavera
yaz
estiu
cəy
tardor
köz
hivern
qış

4.APRIL 11°
5.APRIL 4°
6.APRIL 13°
7.APRIL 8°
8.APRIL 10°

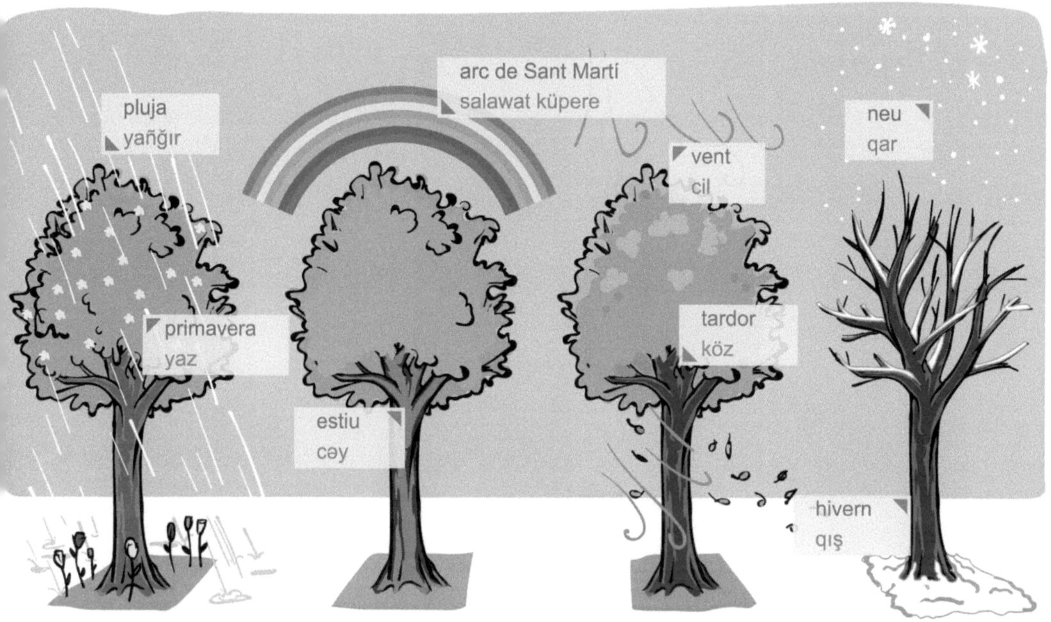

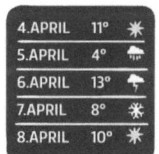

pronòstic del temps

hawa torışı

F
C

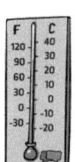

termòmetre

termometr

llum del sol

qoyaş yaqtısı

núvol

bolıt

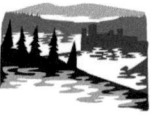

boira

toman

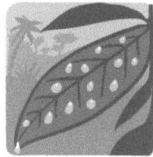

humitat de l'aire

dımlılıq

llamp

yəşen

tro

kük kükrəw

tempesta

dawıl

calamarsa

boz

monsó

musson

inundació

su basu

gel

boz

gener

Qırlaç

febrer

Aqman

març

Buşay

abril

Yañarış

maig

Saban

juny

Çereşmə

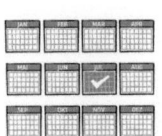

juliol

Peçən

agost

Uraq

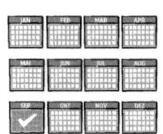

setembre
....
Indır

octubre
....
Bilek

novembre
....
Qaraköz

desembre
....
Kerəw

formes
şəkellər

cercle
....
tügərək

quadrat
....
dürtkel

rectangle
....
turıpoçmaq

triangle
....
öçpoçmaq

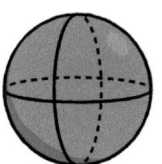

esfera
....
körrə

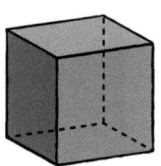

cub
....
kub

blanc

aq

groc

sarı

taronja

qızğılt sarı

rosa

al

vermell

qızıl

lila

şəməxə

blau

zəñgər

verd

yəşel

marró

körən

gris

sorı

negre

qara

molt / poc

küp / az

emprenyat / tranquil

usal / tınıç

bonic / lleig

matur / yəmsez

començament / fi

baş / axır

gran / petit

zur / keçkenə

clar / fosc

yaqtı / qarañğı

germà / germana

abıy, ene / apa, señel

net / brut

taza / pıçraq

complet / incomplet

təmam / təmamlanmağan

dia / nit

kön / tön

mort / viu

üle / tere

ample / estret

kiñ / tar

comestible / immenjable

aşarğa yaraqlı / aşarğa yaraqsız

dolent / amable

yaman / yaxşı

entusiasmat / entediat

dulqınlanğan / yalıqqan

gros / prim

yuan / yabıq

primer / darrer

berençe / soňğı

amic / enemic

dus / doşman

ple / buit

tulı / buş

dur / tou

qatı / yomşaq

pesant / lleuger

awır / ciñel

gana / set

açlıq / susaw

malalt / sa

awıru / sələmət

il·legal / legal

qanunsız / qanunlı

intel·ligent / ximple

aqıllı / aqılsız

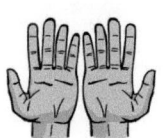

esquerra / dreta

sul / uñ

prop / llunyà

yaqın / yıraq

nou / usat

yaña / qullanılğan

res / quelcom

hiçnərsə / nərsəder

vell / jove

ölkən / yəş

encès / apagat

qabızdırılğan / sünderelgən

obert / tancat

açıq / yabıq

silenciós / sorollós

tawışsız / göreltele

ric / pobre

bay / yarlı

correcte / incorrecte

döres / yalğış

aspre / suau

qıtırşı / şoma

trist / content

küñelsez / küñelle

curt / llarg

qısqa / ozın

lent / ràpid

aqrın / tiz

humid / sec - eixut

dımlı / qorı

calent / fred

cılı / salqın

guerra / pau

suğış / tınıçlıq

0

zero
....
sıfır

1

u
....
ber

2

dos
....
ike

3

tres
....
öç

4

quatre
....
dürt

5

cinc
....
biş

6

sis
....
altı

7

set
....
cide

8

vuit
....
sigez

9

nou
....
tuğız

10

deu
....
un

11

onze
....
unber

12

dotze

unike

13

tretze

unöç

14

catorze

undürt

15

quinze

unbiş

16

setze

unaltı

17

disset

uncide

18

divuit

unsigez

19

dinou

untuğız

20

vint

yegerme

100

cent

yöz

1.000

mil

meñ

1.000.000

milió

million

anglès

inglizçə

anglès americà

Amerika inglizçəse

xinès mandarí

Mandarin qıtayçası

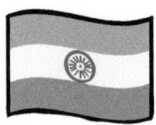

hindi

hindi

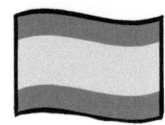

espanyol

İspança

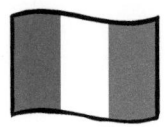

francès

Fransızça

àrab

Ğərəpçə

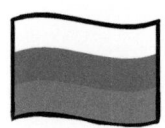

rus

Rusça

portuguès

Portugalça

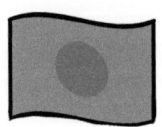

bengalí

Bengali

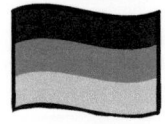

alemany

Almança

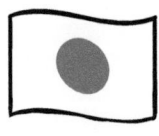

japonès

Yaponça

jo

min

tu

sin

ell / ella / allò

ul / ul / ul

nosaltres

bez

vosaltres

sez

ells

alar

qui?

kem?

què?

nərsə?

com?

niçek?

on?

qayda?

quan?

qayçan?

nom

isem

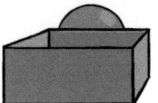

darrere

artta

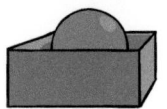

en

eçendə

davant de

aldında

sobre

östendə

a

östendə

sota

astında

al costat

yanında

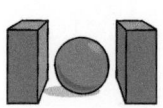

entre

arasında

lloc

urın